Revenus Passifs
Travailler Pour Ne Pas Avoir A Travailler

Vincent Tiret

Copyright © 2017 Vincent Tiret

Tous droits réservés.

TABLE DES MATIÈRES

Qu'est-ce qu'un revenu passif ?   1

Le monde des travailleurs à l'égard du revenu passif   2

Pourquoi les revenus passifs ?   4

Les différentes sources de revenu passif   7

Quelques conseils avant d'envisager une source de revenu passif   15

QU'EST-CE QU'UN REVENU PASSIF ?

Une source de revenu passif est un moyen qui vous génère régulièrement de l'argent sans qu'un travail de votre part soit toujours nécessaire.

C'est le contraire d'une source de revenu actif, qui est un moyen pour générer de l'argent à condition que vous y investissiez du temps et du travail. Par exemple : si vous êtes mécanicien et que votre travail consiste donc à réparer des voitures, c'est une source de revenu actif puisque vous ne gagnez de l'argent qu'en effectuant un travail et en y consacrant du temps.

Un revenu actif cesse de générer de l'argent pour vous dès que vous cessez d'y faire un travail et d'y consacrer du temps. Par contre une source de revenu passif produit toujours de l'argent sans qu'un travail et du temps investi de votre part soient toujours nécessaires.

LE MONDE DES TRAVAILLEURS À L'ÉGARD DU REVENU PASSIF

Malgré sa simplicité et même son évidence, beaucoup de personnes ne comprennent pas cette notion de revenu passif, il y en a même qui n'y croient pas, aussi étonnant que cela puisse paraître. De ce fait, il n'est pas étonnant que la majorité des personnes se consacrent toujours à des sources de revenu actif, comme un emploi à temps plein.

Certaines mentalités, influences ou courants d'idée aussi ne semblent pas admettre la viabilité, ou même la « moralité » des sources de revenu passif. « Tu mangeras à la sueur de ton front », est par exemple la phrase avec laquelle des millions de personnes ont été éduquées, et qui a été interprétée comme « pour manger, il faut toujours suer ».

C'est le « toujours » de cette dernière citation qu'il faut remettre en question. Il faut peut-être encore suer, mais seulement une, deux ou trois fois, peut-être plus ou pendant seulement une période de sa vie, mais jamais indéfiniment.

Il y a aussi beaucoup de personnes qui pensent que l'instauration d'une source de revenu passif est toujours une chose extrêmement complexe, difficilement gérable, sujette à des complications légales, ou encore requiert des compétences hors du commun.

Bien sûr, c'est complètement faux. Mettre une place une source de revenu passif n'est pas toujours forcément une tâche complexe et difficile, ou qui nécessite d'être un génie dans un quelconque domaine.

Certaines personnes pensent aussi que mettre en place une source de revenu passif requiert aussi des investissements énormes. Beaucoup de personnes associent toujours « revenus passifs » avec la location de propriétés ou de biens de très grande valeur, comme un avion, par exemple.

La vérité est que les sources de revenu passif ne diffèrent pas des autres en matière « d'envergure » (si l'on peut s'exprimer ainsi). Une source de revenu passif peut être créée avec peu ou pas d'investissement, avec un investissement en temps seulement ou avec un investissement en argent seulement.

En fait, les revenus passifs sont accessibles à tout le monde, à condition bien sûr qu'on y croit et qu'on se donne la peine de s'informer et de connaître sur ce dans laquelle on va se lancer.

POURQUOI LES REVENUS PASSIFS ?

Les revenus passifs présentent des avantages énormes par rapport aux revenus actifs.

Comme on a vu précédemment, les revenus actifs nécessitent constamment un travail ou du temps de votre part. Or, il se peut que, pour une quelconque raison, vous pourriez être dans l'impossibilité de fournir ce travail ou d'allouer ce temps.

Bien sûr, notre société moderne est très organisée dans ces cas avec par exemple les primes de retraite, les allocations chômage, les assurances ou les indemnités en cas d'accident, etc. Mais il nous faut bien prendre conscience et admettre la fragilité d'une source de revenu actif en cas d'imprévu ou de changement, que ce changement soit brusque ou prévisible, mineur ou majeur.

L'organisation de cette ladite société diffère aussi énormément pour chaque pays du monde. Les travailleurs sont plus protégés dans certains pays et beaucoup moins dans d'autres.

Et probablement la plus grande frustration quand on est dans l'impossibilité de fournir un travail en échange d'un revenu est le sentiment que le contrôle de notre vie nous échappe. On est littéralement «à la merci» du système, on n'a plus de quoi se reposer que sur les lois et les textes en vigueur, en espérant qu'ils vont être à notre faveur.

Et toujours en parlant de frustration, il est absolument incroyable qu'il y ait autant de personnes qui restent « bloquées » dans une activité qu'elles apprécient peu ou pas juste par le fait que si elles cessent d'y fournir du travail, leur sécurité financière en serait largement compromise.

REVENUS PASSIFS

Les revenus passifs, quant à aux, ne subissent pas les impacts d'un quelconque changement qui survient dans votre vie, puisqu'ils ne dépendent pas de vous dans leur fonctionnement.

Les revenus passifs peuvent aussi « se vendre » (ce qui est impossible pour les revenus actifs). Les sources de revenus passifs sont considérées comme des biens de valeur qui peuvent se monnayer sur un marché. Vous conviendrez qu'un emploi ne peut jamais « se vendre » et qu'un employé ne gagne rien quand son employeur le remplace !

Mais le plus gros avantage des sources de revenu passif est sans aucun doute leur nature elle-même : leur fonctionnement qui ne nécessite pas toujours un travail fourni et du temps alloué de votre part.

De ce fait, vous pouvez donc avoir un nombre illimité de sources de revenu passif, et de par cela, carrément ne plus avoir de plafond en terme de rentrée d'argent.

Votre temps est limité, et le volume de travail que vous pouvez fournir en une heure, une journée ou un mois l'est aussi, peu importe vos compétences et votre efficacité. Avec une source de revenu actif, ce que vous gagnez est toujours limité. Vous pouvez peut-être toujours repousser cette limite, mais jamais vous ne pouvez l'effacer complètement.

Récapitulons un peu les avantages des revenus passifs :

Source de Revenu passif :

- Fonctionne indépendamment de Vous
- Illimitée
- Peut se « vendre »

Source de Revenu actif :

- Dépend à 100% de Vous
- Limitée
- Vous ne gagnez rien quand vous êtes amené à s'en séparer

Attention ! une source de revenu passif ne signifie absolument pas que vous n'avez rien à faire et que de l'argent va rentrer subitement comme cela.

L'idée des revenus passifs se base sur un travail effectué juste une fois ou un nombre défini de fois, mais qui rapporte indéfiniment. Vous travaillez juste en « installant le système », puis c'est le « système » qui travaille après pour vous.

LES DIFFÉRENTES SOURCES DE REVENUS PASSIFS

L'immobilier (location de propriétés, terrains, …) :

Probablement la plus connue des sources de revenu passif. Beaucoup de gens ne conçoivent pas d'autres sources de revenu passif à part l'immobilier.

Le frein pour beaucoup qui veulent s'y investir est le montant d'investissement nécessaire. Beaucoup ne veulent pas se risquer à faire un prêt ou à prendre un crédit de peur de se lancer dans une aventure à haut risque surtout quand on n'est pas familier dans le domaine.

Mais ce que peu de gens connaissent, c'est que le risque en investissant dans l'immobilier est certainement un des plus faibles comparés aux autres sources de revenu passif, comme monter sa propre entreprise.

Ce qu'il faut faire, c'est d'apprendre un maximum sur l'immobilier si on est tenté d'investir là-dedans. Il existe beaucoup d'informations et de documentations là-dessus, ainsi que des experts qui peuvent vous conseiller.

Il faut envisager sans crainte les possibilités de financement si vous n'avez pas de l'argent à investir. Examinez toutes les offres que vous trouvez, provenant des banques ou des organismes de crédit.

Le plus important c'est d'apprendre autant que possible, de bien s'informer, de bien calculer les risques et de se lancer.

Monter sa propre entreprise :

Attention, contrairement à l'immobilier, c'est certainement dans le cas d'avoir sa propre société que vous risquez le plus d'avoir de nouveau une source de revenu actif !

Beaucoup d'entrepreneurs sont tombés dans ce piège : portés par l'enthousiasme des débuts, par le « on n'est jamais mieux servi que par soi-même », par les lacunes d'organisation, ou par d'autres facteurs, l'entreprise finit par dépendre entièrement d'eux.

« La première chose à faire dans votre entreprise, c'est de vous rendre inutile pour son fonctionnement ».

Bien peu d'entrepreneurs réalisent l'importance de cet adage. Ils finissent par ne plus avoir une société, mais bel et bien un emploi !

Bien sûr, en tant qu'entrepreneur, il se peut toujours que vous avez des tâches à exécuter dans votre entreprise, mais si l'entreprise ne peut pas fonctionner sans vous, ou que vous êtes obligé d'y accorder constamment la majorité de votre temps, il faut remédier à la situation sans attendre.

Une entreprise naît d'une idée de produit ou de service pour répondre à un ou plusieurs besoins du marché. Vous ne pouvez donc pas vous lancer à l'aveuglette là-dedans parce qu'un matin, vous vous êtes réveillé plein d'envie de fabriquer ou de vendre quelque chose.

Il vous faut donc connaître le marché. Le mieux même c'est que vous êtes déjà dans ce marché ou est concerné par ce marché, que vous êtes ou que vous pouvez vous imaginer comme la personne qui a besoin de votre produit ou de votre service.

Et même dans ce cas, vous ne pouvez absolument pas vous passer d'une étude de marché à l'échelle de ce que vous envisagez. Vous devez étudier la concurrence ou ce qui existe déjà. Vous devez étudier leurs offres, leurs produits, leurs prix, leurs positionnements.

En parlant de création d'entreprise, certaines personnes imaginent aussi immédiatement de multiples bureaux ou des centaines d'employés. Il n'y a rien de mal à avoir une grande entreprise, mais débuter en voulant déjà être aussi « grand » que possible est certainement l'erreur la plus commune que les apprentis entrepreneurs font.

Contrairement, il faut commencer « petit ». C'est le meilleur moyen de limiter les risques, d'apprendre et de se familiariser graduellement avec le monde de l'entreprenariat, la gestion et l'administration, et le marché.

Si on débute vraiment dans l'aventure de la création d'entreprise, et même si on beaucoup de moyens à investir qui permettent de créer déjà une entreprise d'une taille conséquente, il vaut mieux toujours commencer «petit» comme cité ci-dessus. Ce n'est qu'ayant un peu plus d'expérience que vous pouvez débuter immédiatement avec de « grands » projets.

Commencer « petit » veut dire qu'on n'investit tout d'abord que dans le strict nécessaire : juste vous concentrer sur un seul produit et service et juste avec les moyens qui sont vraiment nécessaires pour la production, la distribution et la vente, et le nombre d'employés limité au strict minimum.

Limitez aussi les charges au minimum : pas de location ou d'achat de bureaux ou de locaux sauf si c'est vraiment nécessaire. Toute affaire doit pouvoir se suffire à elle-même, et si les charges excèdent le chiffre d'affaire, vous savez que l'entreprise vous fait perdre de l'argent au lieu de vous en faire gagner.

Ce n'est que quand vous dégagez régulièrement du bénéfice que votre entreprise prend de la valeur et que vous pouvez cette fois songer à «évoluer» ou à « agrandir ».

Résistez à la tentation de créer des charges et des dépenses qui n'auront aucune influence sur le chiffre d'affaire. Bien sûr, quand vous aurez les moyens, il est probablement judicieux de faire travailler vos employés dans un beau local pour stimuler leur productivité si avant ils travaillaient dans le garage que vous avez aménagé comme bureau.

Et le chiffre d'affaire, c'est maintenant là que vous devez vous concentrer quand votre entreprise est « sur les rails ». Attention, il ne faut pas confondre bénéfice et chiffre d'affaire, l'augmentation du chiffre d'affaire ne signifie pas toujours augmentation du bénéfice (voire même qu'une perte – l'absence du bénéfice – est toujours aussi possible dans ce cas).

Le chiffre d'affaire représente le volume de ventes que vous avez effectuées. Un chiffre d'affaire en augmentation peut signifier que vous servez plus de clients ou que vous donnez plus de valeur avec vos produits ou vos services.

Il n'est pas conseillé de se concentrer uniquement sur le bénéfice. Il a son importance, bien sûr, mais il faut aussi se concentrer énormément sur la façon d'augmenter indéfiniment son chiffre d'affaire, qui est l'indicateur de votre part de marché et de la valeur que vous donnez au marché.

Une augmentation du chiffre d'affaire aura toujours un impact positif sur les bénéfices, même si cela ne se produit pas immédiatement et de façon flagrante. Et l'inverse est aussi vraie, si le chiffre d'affaire décline (même s'il y a eu stabilité ou augmentation des bénéfices), cela n'est généralement pas bon signe.

Vous augmentez votre chiffre d'affaire en augmentant votre part de marché, ou plus simplement, par l'augmentation du nombre de vos clients. Mais vous pouvez aussi augmenter votre chiffre d'affaire en donnant plus de valeur à vos clients (des produits plus « haut de gamme » qui sont plus chers et qui ont plus de valeur).

Vous augmentez aussi votre chiffre d'affaire en vous « diversifiant ». Vous gagnez ainsi d'autres parts de marché. Par exemple : si votre entreprise a commencé par produire et vendre des crayons, vous pouvez vous diversifier par produire aussi des stylos, de l'encre, ou du papier, par exemple.

Vous pouvez même vous diversifier par des produits ou services qui ont vraiment peu à voir entre eux. Curieusement, des entreprises s'en sortent bien en faisant ce genre de diversification, comme à la fois produire des crayons et du matériel de jardinage.

Dans ce cas, votre entreprise peut même donner naissance à d' « autres » entreprises, chacune spécialisée dans un produit ou un service en particulier, et l'ensemble de ces entreprises forme un groupe.

Bien sûr, arrivé à ce stade, il ne faut jamais oublier «de se rendre inutile» au sein de votre groupe d'entreprises, parce que, rappelez-vous, votre but est toujours d'avoir des sources de revenu passif, pas de vous créer un emploi !

Les 2 mamelles pour avoir une entreprise comme source de revenu passif sont toujours : déléguer et automatiser.

Déléguer c'est tout simplement trouver quelqu'un pour faire ce que vous avez à faire, et le mieux c'est quelqu'un qui est plus efficace que vous dans ce « ce que vous avez à faire ».

Quelqu'un de plus efficace que vous veut dire que cela coûte moins à l'entreprise que cette personne fasse le travail que si c'est vous-même qui le fait. Cela doit coûter moins en termes de temps, de moyens et de rémunération.

Attention, il se peut qu'un employé à qui vous déléguez le travail soit moins efficace au début, mais à mesure qu'il effectue le travail, il devient plus efficace et plus rentable pour l'entreprise (et malheureusement, l'inverse est aussi possible ! un employé démotivé ou négligent deviendra de moins en moins rentable pour l'entreprise).

Déléguer n'est pas toujours une opération simple, et trouvez la perle rare peut prendre du temps ! mais ne vous découragez pas et soyez toujours conscient qu'il faut impérativement le faire.

« Automatiser » est sans aucun doute un verbe plus apprécié que «déléguer».

Automatiser veut dire que le travail se fait – tout seul - sans l'intervention d'un être humain. Vous avez par exemple les robots dans les industries, ou les distributeurs automatiques, les machines à sous, etc.

Bien sûr, le rêve pour tout entrepreneur c'est que toute tâche soit automatisable, mais hélas, on n'en est pas encore là. L'être humain est encore loin de devenir obsolète !

Néanmoins, plus vous pouvez automatiser des tâches dans votre activité, mieux c'est.

Si des appareils ou des machines automatiques peuvent faire le travail, vous vous épargnez le coût d'une main d'œuvre humaine (mais attention, il vous faut aussi calculer si effectivement utiliser des machines vous coûtent moins que d'avoir des « humains » qui font le travail). Tout a un coût (énergie consommée, entretien, etc) et vous devez en être informé précisément.

Mais pour la productivité, il est indéniable que l'automatisation est bel et bien le summum. Les machines ne prennent pas de repos, peuvent travailler 24 heures sur 24, 7 jours sur 7. A vous toujours d'évaluer les gains que peuvent amener l'automatisation dans votre activité.

Mais revenons à ce qui concerne la source de revenu passif : un travail automatisé vous « libère » bel et bien et vous rends « inutile » dans l'accomplissement de la tâche.

Il se peut qu'automatiser vous coûte plus que cela vous coûte en effectuant le travail vous-même, mais si le résultat global est bénéfique, ne négligez pas le fait que cela a transformé une source de revenu actif en source de revenu passif, surtout que vous pouvez toujours envisager des moyens pour rattraper ce surcoût.

Et pour continuer encore avec l'automatisation, on ne peut passer sous silence le commerce électronique ou le commerce en ligne :

Avec l'évolution des technologies des ordinateurs et des réseaux informatiques, de véritables grandes entreprises sont apparues avec seulement le monde numérique comme terrain de jeu.

Actuellement, à peu près tout peut être vendu et acheté sur Internet. Et quand on dit « tout », on englobe aussi ce qui est « matériel », palpable et l' «immatériel», le « virtuel » ou le « numérique ».

Parce qu'aujourd'hui sur la toile, des millions circulent pour seulement des produits qui n'ont aucune existence physique : au lieu de se faire livrer la cassette ou le DVD d'un film, on le télécharge ; de même pour les livres aussi, par exemple, le format électronique prend de l'ampleur.

Mais ce qui reste, c'est que c'est toujours du commerce. Les gens paient toujours même si ce qu'ils vont recevoir est une masse de données impalpable.

Pourquoi ce livre vous parle de cela ? parce que tout simplement ce genre de commerce « 100% numérique » et sans aucun produit « palpable » est peut-être l'idéal pour un système de revenu passif.

Imaginez un site web qui vend du matin au soir, 24 heures sur 24, 7 jours sur 7, qui prend et traite les commandes tout seul, et fait aussi la livraison tout seul.

Les distributeurs automatiques de boissons que nous pouvons croiser dans les couloirs doivent être réapprovisionnés de temps en temps, mais le genre de site web dont nous avons parlé ci-dessus ne nécessite même pas de réapprovisionnement ! parce qu'il ne vend pas un stock qui s'épuise avec tous ses produits .

Le business est ainsi automatisé à 100%, ou encore sans « aucune intervention humaine », ou au pire, très rarement.

Nous assistons déjà à l'avènement de ce genre de système actuellement avec les sites web qui offrent des chansons, des films, des séries, des logiciels, des livres, des services et à peu près tout ce qui peut être proposé au format électronique. Et il y en a qui font des affaires vraiment florissantes.

Les placements :

Mettre l'argent dans des comptes et des banques pour générer des intérêts au fil du temps aussi est sans conteste une source de revenu passif, mais il est indéniable aussi que c'est sûrement le moyen le plus lent.

Cela dit, le risque est quasiment inexistant, et c'est bien avec ce moyen que vous pouvez dire que vous n'avez pratiquement rien à faire !

Mais si vous pouvez avoir plusieurs placements, cela peut toujours être intéressant. Etudiez les cas et les possibilités, apprenez et informez-vous sur ce qui est possible dans votre cas et dans votre pays.

Les royalties et les droits d'auteur :

Si vous avez écrit un livre, une chanson, de la musique ou un type d'œuvre quelconque, les royalties constituent aussi une source de revenu passif. Vous les récoltez en échange de l'utilisation ou de l'exploitation de votre œuvre par des tiers.

Des royalties sont toujours versées à des célébrités qui sont décédées depuis des années (ou plus exactement versées à ceux qui ont hérités des droits).

Bien sûr, et vous vous en doutez sûrement, c'est que cette source de revenu passif nécessite que l'œuvre soit constamment en exploitation et/ou qu'ils a plusieurs exploitants. Autrement, ce qu'on gagne risque de ne pas être intéressant.

Pas besoin de vous dire qu'il faut donc que l'œuvre créée fasse vraiment parler d'elle !

La bourse :

Attention, on ne le dit pas toujours très haut, mais la bourse et le marché d'actions, c'est juste un grand casino où se créent les grands espoirs et aussi les grandes désillusions.

Néanmoins, la spéculation en bourse peut aussi être une source de revenu passif, à condition bien sûr, que vous acceptez et assimilez les risques.

La bourse ne peut pas convenir à tout le monde, mais tentez-la une fois pour voir si cela marche pour vous. Bien sûr, apprenez autant que vous pouvez et informez-vous.

Nous avons vu quelques sources de revenu passif les plus courantes. Les plus accessibles à la majorité des personnes sont certainement l'immobilier et l'entreprenariat (ou la création d'entreprise).

Ces 2 formes de revenu passif sont les plus durables et qui ont les meilleures capacités pour générer l'argent dont vous avez besoin, avec un rapport investissement/risque modéré.

Bien sûr, chaque expérience est unique et chaque individu l'est aussi. Vous n'êtes jamais obligé de monter une entreprise si vraiment cela ne vous attire pas, par exemple.

QUELQUES CONSEILS AVANT D'ENVISAGER UNE SOURCE DE REVENU PASSIF

Ne soyez pas trop pressé d'avoir votre source de revenu passif. En fait, les revenus passifs et les revenus actifs présentent ces caractéristiques qui sont inversement proportionnelles :

Un revenu actif vous rapporte de l'argent très vite, mais votre intervention est toujours requise.

Un revenu passif met du temps à vous rapporter de l'argent, mais ce stade atteint, vous êtes libre et c'est de l'argent qui rentre indéfiniment.

L'enthousiasme à l'idée de « gagner sans travailler » n'a rien de néfaste, mais l'impatience favorise le découragement, et le découragement sabote tous les efforts et travail accomplis.

Trouvez ce qui vous convient :

Il n'est pas conseillé de se lancer dans toute opportunité qui présente une possibilité de revenu passif. Au contraire, vous devez passer du temps à méditer et à vous interroger sur vous-même sur ce qui vous attire particulièrement.

Comme on l'a déjà vu, un revenu passif met du temps à se mettre en place. Ce temps nécessaire peut être considéré comme un « test » pour l'individu afin de voir jusqu'où va sa détermination et son attirance pour le sujet.

Les espoirs de gains seuls ne peuvent pas maintenir votre motivation, il faut aussi que vous soyez attiré par le domaine. Il faut quelque chose « en plus », un intérêt, une passion, le juste sentiment que « c'est cela qui me convient ».

Cela ne veut pas dire que vous n'allez jamais avoir des problèmes ou des difficultés dans ce domaine « qui vous convient », mais vous serez moins sujet au découragement et à l'envie de « tout laisser tomber ».

Apprenez et informez-vous autant que possible : surtout avant de monter votre « système » ou dans sa phase de mise en place :

En fait, vous ne devez jamais cesser d'apprendre et de vous informer (rassurez-vous, ce n'est pas du travail !). Il y a pas de meilleure recette pour courir tout droit vers un désastre que de se lancer à l'aveuglette dans quelque chose.

Lisez des livres, interrogez des personnes expérimentées dans le domaine, prenez conseil auprès des experts. Bien sûr, vous ne pourrez pas sûrement lire tout ce qui a été écrit sur le sujet ou trouver tous les experts qui existent, mais plus vous en connaissez sur le domaine, mieux c'est.

Dans l'immobilier, par exemple, il y a pleins de dispositions légales qui sont utiles à savoir concernant les propriétés ou les terrains. Bien sûr, vous n'allez pas foncer à l'université étudier le droit foncier, mais rassemblez toutes les informations dont vous pouvez avoir besoin.

Plus vous avez de sources de revenu passif, mieux c'est :

La vraie sécurité financière, ce n'est pas du tout la sécurité de l'emploi. La vraie sécurité ne peut venir que des sources de revenu passif, plus vous en avez, plus votre sécurité est meilleure.

A vos débuts, résistez à l'envie de vous récompenser tout de suite quand l'argent commence à rentrer « tout seul ». Résistez à l'envie de la voiture de luxe ou du tour du monde (même si cela est tentant), et même si vous pouvez les payer comptant.

Utilisez plutôt vos gains pour vous bâtir rapidement une source de revenu passif supplémentaire. Et même si vous avez déjà plusieurs sources de revenu passif, allouez toujours une partie de vos gains pour l'établissement d'autres sources supplémentaires.

Vous verrez, vous aurez toujours le temps de profiter de votre aisance financière !

Pensez « passif » :

Il se peut souvent qu'un « rien » suffit à transformer une source de revenu actif en source de revenu passif.

Il faut entraîner votre mental à penser « passif », ou plus exactement à acquérir le réflexe de concevoir un système qui est bénéfique pour vous sans pour autant que vous soyez indispensable dans son fonctionnement.

Prenez l'habitude de poser la question : « qu'est-ce que je peux faire pour faire tourner cela tout seul ? » à chaque tâche et à chaque activité à laquelle vous êtes confronté. Si la question est posée un certain nombre de fois, votre esprit créatif finira par y apporter maintes et maintes fois des réponses.

Si vous ne vous trouvez pas particulièrement créatif, ce n'est absolument pas grave et ne vous en voulez pas. En vérité, tout le monde est créatif, mais il se peut juste que ce qu'on a vécu n'a pas favorisé le développement de la créativité (par exemple une éducation trop stricte, dénigrement de l'esprit d'initiative, moqueries et railleries, etc).

Rappelez-vous, plus haut dans ce livre, on a vu que beaucoup de personnes ne croient pas en ce concept et d'autres ne le voient pas d'un bon œil. Mais pourtant, c'est ce concept qui fait tourner le monde, qui fait qu'une famille puisse avoir de la nourriture sur sa table.

Ne vous laissez donc pas influencer par les personnes qui dénigrent, à tort ou à raison, ce principe de système « passif ». Evitez de parler de cela à des personnes dont vous ignorez les avis sur le sujet, et n'échangez sur ce sujet qu'avec des personnes qui ont le même point de vue que vous.

Il est aussi de la plus haute importance que vous respectez toujours un code « moral » et que vous suivez une certaine éthique. Pour qu'une source de revenu passif soit viable dans le temps, il ne faut jamais que des acteurs humains soient lésés.

Si des personnes interviennent dans votre système pour que le système soit « passif » pour vous, ces personnes doivent aussi récolter le fruit de leur travail. Cela ne vous dispense pas de vous arranger avec elles et de négocier vos intérêts, mais profiter de la faiblesse des autres n'est jamais bénéfique pour vous.

Il en est de même pour vos clients. Certains entrepreneurs, quand leur part de marché est en régulière augmentation, deviennent négligents envers leurs clients, et généralement ne s'en rendent compte que bien trop tard.

Et puis, ce n'est pas qu'une source de revenu passif vous rapporte de l'argent sans que vous ayez quelque chose à faire que vous devez la laisser là indéfiniment et pour toujours.

La perfection n'existe pas, et rien n'est éternel. Au fil du temps, vous devez améliorer, changer ou supprimer certaines choses. Vous devez vous adapter à chaque fois que le monde change. Si vous vous endormez sur votre matelas rempli de billets, vous risquez de vous réveiller un matin avec la mauvaise surprise que vous êtes passé à côté de quelque chose.

Soyez curieux des nouvelles trouvailles et de la technologie :

On ne sait jamais ce que nous réserve l'avenir en termes de nouvelles inventions ou de révolutions technologiques. Des décennies auparavant, personne n'aurait pensé qu'il serait possible de vendre quelque chose qui n'a aucune existence physique.

De nombreuses opportunités de revenu passif sont apparues avec l'avancée fulgurante de la technologie. Rappelez-vous des distributeurs automatiques de boissons ou d'autres produits : ils sont apparus avec la conception et le perfectionnement des machines automatiques.

Internet, le téléphone et d'autres inventions ont favorisé l'apparition de beaucoup de sources de revenu passif, et on est encore loin d'avoir épuisé le filon. Les machines et les appareils deviennent plus perfectionnés et plus autonomes, il ne manque plus que nous ajoutons un brin de créativité pour trouver l'idée qui vaut une fortune.

Envisagez la possibilité de « revendre » :

Pourquoi vendre une source de revenu passif qui à la fois nous rapporte de l'argent et qui nous dispense de travailler ?

Tout simplement, parce que cela peut nous rapporter plus en le revendant ! (en termes de temps et/ou d'argent).

Plus une source de revenu passif est grande (plus il rapporte de l'argent) et plus sa valeur est élevée. Et donc, il peut intéresser au plus haut point d'autres personnes qui voient l'intérêt de la posséder et qui sont prêtes à y mettre le prix.

A vous de voir quel prix vous trouvez intéressant pour vous séparer de votre source de revenu passif. Par exemple : si votre source vous rapporte 10 000 euros par mois et que vous la vendez 100 000 euros, vous gagnez donc immédiatement ce que vous aurez gagné en 10 mois en la vendant.

L'inconvénient, bien sûr, c'est que vous tirez une croix sur votre source de revenu passif une fois qu'elle n'est plus en votre possession.

Vous pouvez aussi revendre pour monter un projet et à la fois vous faire un bénéfice.

Par exemple : vous avez une source qui vous rapporte 10 000 euros par mois. Pour instaurer une nouvelle source de revenu passif que – selon vos estimations – va vous rapporter 20 000 euros mensuels, il vous faut un investissement de 150 000 euros.

Il est donc intéressant pour vous de vendre votre source actuelle à un prix – par exemple – de 200 000 euros : vous avez ainsi les 150 000 euros à investir pour mettre en place la nouvelle source plus lucrative, et au passage, vous avez aussi gagné 50 000 euros facile !

Ce livre vous a plu ? trouvez d'autres livres intéressants sur la page Facebook :
Facebook.com/deslivrespourvous

www.ingramcontent.com/pod-product-compliance
Lightning Source LLC
Chambersburg PA
CBHW021001180526
45163CB00006B/2463